Kulinarische
BEGEGNUNGEN

Impressum

© 2013 Serges Verlag
Genehmigte Ausgabe
Bellavista ist ein Imprint
des Karl Müller Verlages
Silag Media AG
Liebigstr. 1-9
40764 Langenfeld

Rezeptverzeichnis

Europäische Gerichte
Tartar 5
Ratatouille 7
Gazpacho 9
Minestrone mit Reis 11
Canard à l'orange 13
Klassisches ungarisches Pörkölt 15
Tiramisu 17

Afrikanissche Gerichte
Avocadosalat mit Tahini 19
Tunesischer Olivensalat 21
Kenianischer Linsentopf 23
Algerische Fischsuppe 25
Ghanischer Fischtopf 27
Bananenkuchen 29

Asiatische Gerichte
Dim Sum 31
Gemüsesuppe mit zischendem Reis 33
Chinesicher Nudeltopf 35
Garnelen in Kokosmilch 37
Tandori-Huhn 39
Usbekischer Lammpilaw mit Knoblauchknollen ... 41
Litschis in Zitronengrasgelee 43

Australische Geriche
Tomatenchutney 45
Mate´s Roo Pie 47
Kaninchen im Kürbis 49
Marzipanparfait mit Kumquatsauce 51

Amerikanische Gerichte
Caesar´s Salad 53
Guacamole 55
Black Bean Soup 57
Ceviche von Riesengarnelen 59
Asado mit Chimichurri 61

Vorwort

Sehr verehrte Leserin, sehr verehrter Leser,

wer gerne gut isst, Freude daran hat Gäste mit gelungenen Speisen zu verwöhnen und schon die Zubereitung als Kocherlebnis empfindet – der wird diese Sammlung mit gekonnt zusammengestellten und mehrfach erprobten Rezepten immer wieder gerne zur Hand nehmen.

Dieser Ratgeber, der Teil einer umfangreichen Reihe weiterer Themen ist, vermittelt das Know-how, mit dem Ihnen garantiert alles gelingt. Selbst alltägliche Gerichte werden raffinierter. Ihre persönliche Rezeptsammlung wächst, und die neu gewonnenen Kochkünste werden Ihre Gäste begeistern. Geselliges Beisammensein mit der Familie, mit Freunden und Bekannten gehört zu einem ausgefüllten Leben dazu. Gemeinsames Kochen, Backen oder Grillen hat sich längst zu einer beliebten Freizeitbeschäftigung entwickelt.

Die Titel-Überschrift „lecker und einfach" übermittelt die Botschaft, dass die Zubereitung raffinierter Gerichte auch nicht sehr aufwändig sein muss: Fachgeschäfte, Supermärkte und die Tiefkühltheke Ihres Discounters bieten heutzutage eine reiche Auswahl an Produkten und Zutaten an, die jede der beschriebenen Rezeptvariationen möglich macht. Und dabei müssen wir auch gar nicht einmal tief in die Tasche greifen, um uns diesen Luxus und das Erlebnis des eigenen Kochvergnügens leisten zu können.
Mit dieser Rezeptsammlung haben wir einen Ratgeber geschaffen, der alle Informationen und Tipps bietet, um das Kochvergnügen – mit garantiertem Erfolg – in vollen Zügen genießen zu können.

Viel Spaß dabei und einen guten Appetit.

Herzlichst Ihr

S. Lapawa

Siegfried Lapawa
Verleger Karl Müller Verlag

Europäische Gerichte

Tatar

400 g Tatar
12 Zwiebeln
100 g Gewürzgurken
1-2 Bund glatte Petersilie
50 g kleine Kapern

Salz
grober Steakpfeffer
Paprikapulver, edelsüß
4 Eigelb

Pro Portion ca. 210 kcal / 870 kJ

1 Das Tatar gleichmäßig durchmischen und in 4 Portionen teilen. Auf Teller oder Brettchen geben. Die Zwiebeln schälen, die Gurken abtropfen lassen, die Petersilienblättchen abzupfen, alles fein hacken.

2 Die Kapern abtropfen lassen. Die vorbereiteten Zutaten, Salz, Pfeffer und Paprikapulver um das Tatar herum arrangieren. Je ein Eigelb (am besten noch in der Schale) in das Fleisch setzen. Sofort servieren.

Variation: Zusätzlich oder im Austausch können Sie auch Zitronensaft, Öl, Cognac oder Creme fraiche dazu servieren. Auch fein geschnittene Radieschen oder Schnittlauchröllchen passen wunderbar zum Tatar.

Das Tatar gut gekühlt mit Weißbrot reichen.

Europäische Gerichte

Ratatouille

150 g Gemüsezwiebeln
300 g Auberginen
1 kleine rote Paprikaschote
1 kleine gelbe Paprikaschote
300 g Zucchini
300 g Tomaten
2 Knoblauchzehen

3 EL Olivenöl
1 EL Tomatenmark
Salz, frisch gemahlener Pfeffer
1 TL getrocknete provenzalische Kräuter oder Thymian, Rosmarin und Oregano, gemischt

Pro Portion ca. 150 kcal / 620 kJ

1 Die Zwiebeln abziehen und grob hacken. Das Gemüse putzen, die Paprikaschoten entkernen. Das Gemüse waschen und in gleichmäßig große Würfel schneiden.

2 Die Knoblauchzehen abziehen und fein hacken.

3 Das Olivenöl in einem Topf erhitzen und die Auberginenwürfel darin scharf anbraten. Die Hitze reduzieren und die Zwiebeln zugeben. Wenn sie glasig sind, die Gemüsewürfel bis auf die Tomaten untermischen und kurz mitdünsten. Dann die Tomatenstücke, den Knoblauch, das Tomatenmark, Salz, Pfeffer und die Kräuter zufügen.

4 Das Gemüse im halb geschlossenen Topf bei kleiner Hitze 25 Minuten köcheln lassen, dabei gelegentlich umrühren. Das Gemüse soll weichwerden, aber nicht zerfallen.

Eine ideale Beilage zu gebratenem Lamm oder Fisch.

Europäische Gerichte

Gazpacho

grüne Paprikaschoten
400 g sehr reife Tomaten
1 Salatgurke
150 g frische Weißbrotbrösel
2 Knoblauchzehen
1 rote Chilischote
1 Messerspitze gestoßener Kümmel
2 Eigelb
Salz, frisch gemahlener Pfeffer
200 ml Olivenöl
8 EL Sherryessig oder anderer nicht zu scharfer Weinessig
1 ½ l Fleisch- oder Geflügelbrühe

Garnierung
200 g Weißbrotwürfel
2 EL Butter
1 große Zwiebel, fein gewürfelt
1 Papriaschote oder Stücke von verschiedenfarbigen Schoten, fein gewürfelt 1 Stück Salatgurke, entkernt und gewürfelt
3 reife Tomaten, gehäutet, entkernt und gewürfelt

Pro Portion ca. 580 kcal / 2430 kJ

1. Paprikaschoten, Tomaten und Gurke waschen und in Stücke schneiden (Schale an der Gurke lassen, Kerne auskratzen). Das Gemüse im Mixer pürieren und dabei nach und nach die Brotbrösel zugeben. Die Mischung 1 bis 2 Stunden in den Kühlschrank stellen.

2. Inzwischen die Mayonnaise zubereiten: Den Knoblauch abziehen, die Chilischote putzen und entkernen, beides mit dem Kümmel im Mörser stoßen.

3. Eigelb, Salz und Pfeffer zugeben und das Öl tropfenweise unterschlagen. Zuletzt den Essig in die Mayonnaise rühren.

4. Die gekühlte Gazpacho-Mischung mit der Mayonnaise verrühren und mit der Brühe aufgießen. Alles durch ein Sieb streichen. Abschmecken und bis zum Servieren wieder kühlen.

5. Die Weißbrotwürfel rösten und die gehackten Gemüseeinlagen in den Kühlschrank stellen.

Man verteilt die Gazpacho-Suppe tellerweise und jeder nimmt sich selbst von den Einlagen.

Europäische Gerichte

Minestrone mit Reis

1 große Zwiebel	2 EL Öl
2 Knoblauchzehen	100 g TK-Erbsen
150 g Weißkohl	1 ½ l leichte Gemüse- oder Fleischbrühe
2 Zucchini	
1 Kartoffel	1 Kräutersträußchen aus: 1 Lorbeerblatt,
2 Möhren, 1 Petersilienwurzel	
3 Stängel Staudensellerie	Petersilie, Basilikum, Thymian und Rosmarin
2 kleine Lauchstangen	
2 Tomaten	125 g Langkornreis
100 g Kidneybohnen aus der Dose	Salz, frisch gemahlener schwarzer Pfeffer
75 g geräucherter Schweinebauch am Stück	
	gehackte Petersilie zum Bestreuen

Pro Portion ca. 430 kcal / 1800 kJ

1 Zwiebel und Knoblauch abziehen und fein würfeln. Alle Gemüsesorten putzen, waschen, eventuell schälen und etwa gleich groß mundgerecht zerteilen. Die Kidneybohnen abtropfen lassen.

2 Den Schweinebauch würfeln, mit dem Öl in einen Topf geben und ausbraten, dann die Zwiebel- und Knoblauchwürfel darin glasig werden lassen. Alle festen Gemüsesorten einrühren und 5 Minuten anschwitzen, dann das übrige Gemüse einrühren, kurz mitgaren und schwach salzen.

3 Die Brühe angießen und aufkochen, das Kräutersträußchen hineingeben, den Reis einstreuen. Halb zugedeckt etwa 20 Minuten köcheln lassen.

Das Kräutersträußchen entfernen, die Suppe mit Salz und Pfeffer abschmecken und mit gehackter Petersilie bestreuen.

Europäische Gerichte

Canard à l'orange

1 küchenfertige Ente, ca. 2,3 kg	6 Orangen
Salz	200 g Schlagsahne
frisch gemahlener schwarzer Pfeffer	1 TL Fleischextrakt
	1 EL Weinessig
100 g Butter	Zucker
200 ml Orangenlikör	

Pro Portion ca. 210 kcal / 900 kJ

1 Die Ente waschen, trockentupfen, innen und außen mit Salz und Pfeffer einreiben. An den Keulen und auf der Brustseite mehrmals anstechen. Die Haut vom Hals und die Flügel auf den Rücken binden.

2 Einen Bräter mit reichlich Butter ausfetten. Die restliche Butter in einem Pfännchen zerlassen. Die Ente mit der Brustseite nach unten in den Bräter legen und mit flüssiger Butter bestreichen. Im vorgeheizten Backofen bei 200 °C auf der mittleren Schiene etwa 30 Minuten braten, dabei alle 10 Minuten die Entenhaut mit Butter bestreichen.

3 Nach 30 Minuten die Ente umdrehen und mit dem Orangenlikör begießen. Weitere 30 Minuten braten. 3 Orangen auspressen. Die fertige, knusprige Ente aus dem Bräter nehmen und warm stellen.

4 Den Bratenfond durch ein Sieb in eine Pfanne passieren und weitgehend entfetten. Mit dem Saft von 3 Orangen den Satz im Bräter loskochen und ebenfalls in die Pfanne passieren. Die Sahne angießen, Fleischextrakt und Weinessig unter rühren, mit Zucker, Salz und Pfeffer abschmecken. Die Sauce etwas einkochen lassen.

5 1 Orange unter heißem Wasser bürsten und trocknen. Mit dem Juliennereißer die Schale in dünnen Streifen abziehen und in Zucker wälzen.
3 Orangen schälen, dabei sorgfältig die weiße Haut entfernen, die Orangen filetieren und in der Sauce erhitzen. Ente und Orangenfilets auf einer tiefen, vorgewärmten Platte anrichten und die Filets mit der Sauce überziehen. Die Ente mit den Juliennestreifen garnieren.

Europäische Gerichte

Ungarisches Pörkölt

1 kg Rindfleisch aus der Keule
150 g grüne Paprikaschoten
150 g Tomaten
250 g Zwiebeln
2 Knoblauchzehen
60 g Butterschmalz oder Öl
1 TL Delikatesspaprikapulver
½ TL Kümmel
Salz
1 grüne Pfefferschote
500 g Kartoffeln
¼ l trockener Rotwein
Pfefferschote zum Garnieren

Pro Portion ca. 520 kcal / 2200 kJ

1. Das Fleisch waschen und mit Küchenpapier trocknen. Rundherum parieren, aber die feinen Sehnen und Flachsen nicht herausschneiden. Das Fleisch in große Würfel schneiden.

2. Paprikaschoten und Tomaten waschen, entstielen, die Schoten entkernen und alles in Ringe schneiden.

3. Zwiebeln und Knoblauchzehen abziehen, klein schneiden und in einer kleinen Pfanne in dem Fett andünsten.

4. Paprikapulver darüberstreuen, verrühren und die Pfanne vom Herd ziehen. Die Hälfte des Fetts aus dem Zwiebelpfännchen in einen mittleren Schmortopf geben und erhitzen. Abwechselnd eine Lage Fleischwürfel, Zwiebel-Paprika-Gemisch und Gemüse in den Topf schichten und mit Kümmel und Salz würzen. Die Pfefferschote entstielen, entkernen, in feine Ringe schneiden und zuletzt obenauf legen. Deckel aufsetzen und das Pörkölt bei schwacher Hitze 1 ½ Stunden köcheln lassen, nur den Topf hin und wieder rütteln.

5. Kartoffeln waschen, schälen, in Spalten oder große Würfel schneiden und zugeben. Den Wein zugießen. Die Kartoffeln garen, bis sie weich
sind. Sie sollen fast den ganzen Saft aufsaugen. Pfefferschote waschen, entkernen, in Ringe schneiden und das Gericht damit garnieren.

Pörkölt heiß und möglichst im Topf servieren.

Europäische Gerichte

Tiramisù

Am Vortag zubereiten.

2 Eigelb
150 g Zucker
4 EL Amaretto
50 g zartbittere Schokolade
500 g Mascarpone

200 g Schlagsahne
24 Löffelbiskuits
½ l starker Espresso
Kakaopulver zum Bestäuben

Pro Portion ca. 940 kcal / 3920 kJ

1 Das Eigelb mit dem Zucker und dem Amaretto so lange schaumig rühren, bis sich der Zucker gelöst hat.

2 Die Schokolade grob raspeln und mit dem Mascarpone in die Eimasse rühren.

3 Die Schlagsahne steif schlagen und unterheben.

4 Die Löffelbiskuits nur mit dem Rücken in den Espresso tauchen. Mit der Hälfte der Biskuits den Boden einer rechteckigen Form auslegen. Die Hälfte der Mascarponecreme darüber verteilen. Die restlichen Biskuits darauf legen und mit der Creme zustreichen. Zugedeckt im Kühlschrank über Nacht ziehen lassen.

Vor dem Servieren das Tiramisù dick mit Kakaopulver bestäuben.

Afrikanische Gerichte

Avocadosalat mit Tahini

Tahini-Joghurt
2 Knoblauchzehen
250 g Joghurt
100 ml Sesampaste (in Asienläden in Gläsern erhältlich)
½ TL gemahlener Kreuzkümmel
1 Prise gemahlener Koriander
1 EL Zitronensaft, ¼ TL Salz
frisch gemahlener Pfeffer
1 Messerspitze Cayennepfeffer

2 reife Avocados
2 EL Zitronensaft
1 Granatapfel
100 g Mandelblätter
2–3 Stängel frische Minze

Pro Portion ca. 490 kcal / 2040 kJ

1 Den Knoblauch abziehen und sehr fein hacken. Den Joghurt mit der Sesampaste schaumig schlagen, dann den Knoblauch und alle Gewürze einrühren. Den Tahini-Joghurt zugedeckt in den Kühlschrank stellen.

2 Die Avocados schälen, der Länge nach halbieren und die Steine entfernen. Jede Avocadohälfte quer in dünne Scheiben schneiden und sofort mit dem Zitronensaft beträufeln.

3 Den Granatapfel halbieren und die Kerne mit einer Gabel über einer Schüssel herauskratzen. Alle fleischigen, roten Kerne aussortieren und für das Rezept verwenden.

4 Die Mandelblättchen in einer trockenen, heißen Pfanne goldgelb rösten.

Die Minze waschen, zwischen Küchenpapier trockentupfen und die Blätter entweder grob hacken oder mit den Fingern zupfen.

5 Die Avocadoscheiben dekorativ auf 4 Teller legen und mit dem Tahini-Joghurt beträufeln.

Granatapfelkerne, Mandelblätter und Minze darüber streuen.

Afrikanische Gerichte

Tunesischer Olivensalat

200 g schwarze Oliven
200 g grüne Oliven
1 frische rote Chilischote
4 große Knoblauchzehen
1 Fenchelknolle mit Grün

1 unbehandelte Orange
Salz, frisch gemahlener schwarzer Pfeffer
4 EL Olivenöl

Pro Portion ca. 350 kcal / 1470 kJ

1 Die Oliven entsteinen und in eine Salatschüssel geben.

2 Die Chilischote der Länge nach halbieren, entkernen und fein hacken. Die Knoblauchzehen abziehen, halbieren und in sehr feine Streifen schneiden.

3 Die Fenchelknolle putzen, die harten äußeren Schichten entfernen und das zarte Fenchelgrün zum Garnieren beiseite legen. Das Fenchelherz in kleine Würfel schneiden. Chilischote, Knoblauch und Fenchel unter die Oliven mischen.

4 Die Orange unter heißem Wasser abspülen, abtrocknen und die Schale fein abreiben. Die Orange auspressen und den Saft mit der abgeriebenen Schale verrühren. Mit Salz und Pfeffer abschmecken und das Olivenöl unterschlagen. Die Marinade über den Salat gießen und alles gut durchmischen.

Mit dem Fenchelgrün garnieren.

Afrikanische Gerichte

Kenianischer Linsentopf

200 g braune Linsen
1 ½ l Gemüsebrühe
1 Lorbeerblatt
100 g geschälte rote Linsen
6 Knoblauchzehen
1 Bund Frühlingszwiebeln
1 Stange Lauch

4 EL Olivenöl
1 gelbe Paprikaschote
2 grüne Chilischoten
250 g Kartoffeln
2 Fleischtomaten
1 TL Paprikapulver edelsüß
Salz

Pro Portion ca. 530 kcal / 2200 kJ

1 Die Linsen waschen und mit der Gemüsebrühe und dem Lorbeerblatt in einen großen Topf geben. Langsam zum Kochen bringen und zugedeckt bei mittlerer Hitze 20 Minuten kochen.

2 Dann die roten Linsen untermischen und weiter köcheln lassen. Den Knoblauch abziehen, die Frühlingszwiebeln und den Lauch putzen. Den Knoblauch grob hacken, Frühlingszwiebeln und Lauch in Ringe schneiden.

3 Das Öl in einer Pfanne erhitzen. Knoblauch, Frühlingszwiebeln und Lauch unter Rühren darin anbraten und anschließend zu den Linsen geben.

4 Die Paprikaschote und die Chilischoten entkernen, die Kartoffeln waschen und schälen, die Tomaten waschen. Paprika, Kartoffeln und Tomaten grob würfeln, die Chilischoten fein hacken und alles unter die Linsen mischen. Mit Paprikapulver und Salz würzen und den Eintopf noch 10 Minuten kochen lassen, bis das Gemüse gar ist.

Afrikanische Gerichte

Algerische Fischsuppe

1 kg gemischte Fische, z. B. Brassen Barben Sardinen Schellfisch	3 EL Olivenöl 200 g Graupen 1 Prise Kreuzkümmel 1 TL Cayennepfeffer 1 Lorbeerblatt
250 g reife Tomaten 1 Zwiebel 5 große Knoblauchzehen	Salz, frisch gemahlener schwarzer Pfeffer 5 frische Minzeblätter

Pro Portion ca. 430 kcal / 1800 kJ

1. Die Fische ausnehmen, je nach Fischsorte schuppen, waschen und in Portionsstücke schneiden oder filetieren. Die Tomaten mit kochendem Wasser brühen, häuten und grob würfeln.

2. Die Zwiebel und den Knoblauch abziehen und hacken.

3. Das Öl in einem Topf erhitzen, Zwiebel und Knoblauch darin glasig dünsten. Die Fischabschnitte, Tomaten, Graupen, Kreuzkümmel, Cayennepfeffer und das Lorbeerblatt zufügen und 1 Liter Wasser angießen. Kräftig salzen und zugedeckt 30 Minuten köcheln lassen. Dann das Lorbeerblatt entfernen.

4. Die Minzeblätter waschen, trockenschütteln und in feine Streifen schneiden.

Die Fischsuppe mit Salz und Pfeffer abschmecken, mit Minze bestreuen und sofort servieren.

Afrikanische Gerichte

Ghanischer Fischtopf

kg Maniokwurzeln
1 ½ l Fisch- oder Geflügelbrühe
Salz
1 EL Kreuzkümmelsamen
8 EL Hirse
12 dünne Frühlingszwiebeln
6 Knoblauchzehen
30 Okraschoten

1 Bund glatte Petersilie
4 nicht zu scharfe rote Chilischoten
4 EL geröstete Erdnüsse
8–12 ganze kleine Fische, möglichst verschiedene Sorten

Pro Portion ca. 700 kcal / 2934 kJ

1 Die Maniokwurzeln schälen, der Länge nach halbieren und je nach Größe in 6 bis 8 Stücke schneiden. In einem großen weiten Topf Maniok mit der Brühe zum Kochen bringen, schwach salzen und den Kreuzkümmel zugeben. Zugedeckt bei mittlerer Hitze 15 Minuten köcheln lassen, dann die Hirse einstreuen und weitere 15 Minuten garen.

2 Die Frühlingszwiebeln waschen, putzen, abziehen, aber nicht zerteilen. Die Knoblauchzehen abziehen und halbieren. Die Okraschoten waschen und eventuell den Stielansatz beschneiden. Die Petersilie waschen, trockenschütteln und grob hacken. Die Chilischoten waschen, den Stielansatz entfernen und die Schoten samt Kernen in Ringe schneiden.

Afrikanische Gerichte

Bananenkuchen

8 Portionen

8 reife Bananen
300 g Feta-Käse
6 Eier
3 EL brauner Rohrzucker
4 EL weiche Butter und Butter für die Form

1 Päckchen Vanillinzucker 1 TL Backpulver
1 gestrichener TL gemahlener Zimt
¼ TL geriebene Muskatnuss
1 Prise Salz

Pro Portion ca. 270 kcal / 1130 kJ

1 Die geschälten Bananen mit einer Gabel zerdrücken und in eine Schüssel geben. Den Käse grob reiben oder fein hacken und zugeben. Die Eier mit Rohrzucker, Butter, Vanillinzucker, Backpulver, Zimt, Muskatnuss und Salz kurz verquirlen und mit Bananen und Käse in der Schüssel vermischen. Das geschieht am besten mit der Hand. Die Zutaten sollen nicht glatt verrührt werden, sondern nur locker untergehoben, bis sie eine homogene Masse bilden.

2 Den Backofen auf 180 °C vorheizen. Eine Aufl aufform mit Butter ausstreichen und die Bananenmasse einfüllen. Auf der 2. Schiene von unten 40 Minuten backen und dann mit einem Holzspieß die Garprobe machen: beim Anstechen
darf am Holz nichts kleben bleiben. Eventuell 10 Minuten weiterbacken.

Der Bananenkuchen schmeckt lauwarm am besten.

Asiatische Gerichte

Dim Sum

30 Wan-Tan-Teigblätter, tiefgefroren	½ TL Salz
125 g geschälte, rohe Garnelen	1 Prise Zucker
2 Frühlingszwiebeln	Glutamat
50 g frische Shiitake-Pilze	frisch gemahlener weißer Pfeffer
125 g Schweinehack	1 TL Speisestärke
50 g Wasserkastanien (Dose)	1 EL Sesamöl

Pro Portion ca. 560 kcal / 2350 kJ

1 Die Teigblätter auftauen lassen. Die Garnelen waschen, den Darm entfernen und auf Küchenpapier trocknen.

2 Die Frühlingszwiebeln waschen, putzen, die Shiitake-Pilze ebenfalls putzen.

Alle Zutaten sehr fein hacken, miteinander vermischen und mit den Gewürzen abschmecken.

3 Auf jedes Teiglatt 1 Teelöffel voll Füllung setzen. Die Teigtaschen zu kleinen Beutelchen zusammendrücken oder wie Tortellini formen, wie Ravioli, Maultaschen oder Zylinder, die oben offen sind.

4 In einen Wok oder einen anderen weiten Topf 3 cm hoch Wasser füllen und aufkochen. Den Korbuntersatz ins Wasser stellen. Dim Sum in die Bambuskörbchen verteilen. Körbe stapeln, schließen und in den vorbereiteten Wok setzen.

5 Das Wasser wieder aufkochen und am Simmern halten. Nach 8 bis 10 Minuten sind die Dim Sum fertig gedämpft.

Mit Sojasauce und anderen fertigen chinesischen Würzsaucen servieren.

Asiatische Gerichte

Suppe mit zischendem Reis

Reiskuchen vorher zubereiten.

300 g Reis
1 EL Öl
Salz
1 ¼ l Hühnerbrühe
1 Hühnerbrustfilet, 250 g

2 dicke Möhren
2 Frühlingszwiebeln 200 g Zuckerschoten
250 g chinesischer Blätterkohl, ersatzweise Chinakohl
frisch gemahlener weißer Pfeffer
400 ml Öl

Pro Portion ca. 570 kcal / 2390 kJ

1 Den Reis in einem Sieb mehrmals unter fließendem kaltem Wasser abspülen und abtropfen lassen. Den Reis mit dem Öl und etwas Salz in einen Topf geben und ½ l Wasser angießen. Zum Kochen bringen, gründlich durchrühren und zugedeckt bei kleiner Hitze 20 Minuten garen. Den Reis abschütten.

2 Eine große, flache feuerfeste Form mit Öl ausstreichen und den heißen Reis etwa 5 cm dick hineinstreichen. Im vorgeheizten Backofen bei 140 °C 1 ½ bis 2 Stunden trocknen lassen. Den Reis aus dem Backofen nehmen und auskühlen lassen. Anschließend den kalten Reiskuchen in etwa 5 cm große Stücke brechen.

3 Die Hühnerbrühe zum Kochen bringen, die Hühnerbrust hineingeben und 15 Minuten zugedeckt bei kleiner Hitze garen.

4 Die Möhren schälen, in Scheiben schneiden und mit einem kleinen Förmchen Blüten ausstechen.

Asiatische Gerichte

Chinesischer Nudeltopf

400 g Schweinefilet	1 Knoblauchzehe
1 ausgelöste Hühnerbrust	1-2 rote Chilischoten
4 rohe Garnelenschwänze	100 g frische Sojasprossen
8 EL Öl	3 EL Sojasauce
Salz	800 ml Geflügelbrühe
200 g Seeteufel	2 EL Sesamsaat
150 g chinesische Instantnudeln	4 TL Sesamöl
2 Lauchstangen	

Pro Portion ca. 280 kcal / 1190 kJ

1 Das Schweinefilet der Länge nach halbieren, die Hühnerbrust je nach Größe eventuell auch. Die Garnelenschwänze der Länge nach halbieren und den Darm entfernen.

2 In einer weiten Pfanne mit hohem Rand 4 Esslöffel Öl stark erhitzen und Schweinefleisch und Huhn rundherum 3 Minuten braten. Die Garnelen zugeben, alles schwach salzen und weitere 2 Minuten braten.

3 Inzwischen den Fisch in mundgerechte Würfel schneiden. Die chinesischen Nudeln nach Anweisung auf der Packung kurz aufkochen.

4 Den Lauch putzen und waschen. Den Knoblauch abziehen, die Chilischoten putzen und entkernen. Den Lauch in Ringe schneiden, Knoblauch und Chili fein hacken. Fleisch, Huhn und Garnelen aus der Pfanne heben und weitere 4 Esslöffel Öl hineingeben. Lauch, Knoblauch und Chilischote im Öl andünsten. Sojasprossen zugeben, ein paarmal wenden und die Sojasauce darüber träufeln.

5 Den Pfanneninhalt mit der Geflügelbrühe auffüllen, einmal aufkochen lassen und abschmecken.

6 Schweinefilet und Huhn in mundgerechte, sehr dünne Scheiben schneiden und samt Garnelen, Seeteufel und vorgegarten Nudeln in die Brühe geben. Den Eintopf bei schwacher Hitze 2 Minuten ziehen lassen und dann in eine Servierschüssel umfüllen. Mit gerösteter Sesamsaat bestreuen und etwas Sesamöl darüber träufeln.

Asiatische Gerichte

Garnelen in Kokosmilch

600 g rohe, ungeschälte Garnelenschwänze	400 ml Kokosmilch
1 rote Chilischote	1 ½ EL rote Currypaste (in Asienläden erhältlich)
3 Zitronenblätter	3 EL Fischsauce
½ Bund Koriandergrün	1 TL gemahlener Koriander

Pro Portion ca. 140 kcal / 590 kJ

1 Die Garnelen waschen, schälen und dabei eventuell die Schwanzflossen stehen lassen. Die Rücken aufschlitzen und die Därme entfernen.

2 Die Chilischote waschen, putzen, der Länge nach aufschlitzen und entkernen. Die Zitronenblätter waschen und trockentupfen. Chilischote und Zitronenblätter in feinste Streifen schneiden. Den Koriander waschen, trockenschütteln und die Blättchen fein zupfen oder grob hacken.

3 6 Esslöffel Kokosmilch in einem Topf erhitzen und die Currypaste einrühren. Chilischote, Fischsauce und gemahlenen Koriander zugeben und mit der restlichen Kokosmilch aufgießen. Die Milch kurz kochen lassen, dann die Garnelen zugeben und auf schwache Hitze schalten. Die Garnelen je nach Größe 2 bis 3 Minuten ziehen lassen. Das fertige Gericht mit Zitronen- und Korianderblättern bestreuen.

Asiatische Gerichte

Tandoori-Huhn

Die Marinade sollte mindestens 6, besser aber 24 Stunden in das Fleisch einziehen können.

1,2 kg Hähnchenkeulen
Saft von 1 großen Zitrone
1 kleine Zwiebel, Salz
2 Knoblauchzehen
1 haselnussgroßes Stück frischer Ingwer
1 frische Chilischote
2 TL Garam Masala
2 EL Tandoori-Paste
2 EL Tandoori-Masala
3 Becher (450 g) Vollmilchjoghurt
Limettenschnitze zum Garnieren

Pro Portion ca. 360 kcal / 1500 kJ

1 Die Hähnchenkeulen waschen, abtrocknen und in Ober- und Unterkeulen teilen. Jedes Stück 3- bis 4-mal der Länge nach einschlitzen. Mit Salz und Zitronensaft massieren und gut in die Schlitze reiben. Ruhen lassen.

2 Zwiebel und Knoblauch abziehen und den Ingwer schälen. Zwiebel klein würfeln, Knoblauch durchpressen, Ingwer in dünne Scheiben schneiden. Die Chilischote putzen, aufschlitzen, die Kernchen herauswaschen, die Schote in feine Streifen schneiden. Alles mit den Gewürzen und Joghurt gründlich verrühren.

3 Hühnerteile damit einreiben (Gummihandschuhe anziehen!) und samt der Paste in eine tiefe Schüssel legen. Zugedeckt in den Kühlschrank stellen, mindestens 6, besser 24 Stunden durchziehen lassen.

4 Die Keulen aus der Marinade nehmen, möglichst viel Marinade abschütteln. Die Teile auf das Backblech legen und im vorgeheizten Backofen bei 250 °C auf der mittleren Schiene 20 bis 25 Minuten backen. Tandoori-Huhn mit Limetten anrichten.

Asiatische Gerichte

Usbekischer Lammpilaw

600 g schieres Lammfleisch aus der Keule
2 große Zwiebeln
250 g Möhren
2 rote Chilischoten
¼ l Öl
Salz
500 g Naturreis (ungeschält)
4 kleine Knoblauchknollen

Pro Portion ca. 1390 kcal / 5830 kJ

1 Das Lammfleisch in mundgerechte Würfel schneiden. Die Zwiebeln abziehen und grob hacken. Die Möhren schälen und in Würfel schneiden. Die Chilischoten putzen, aufschlitzen, entkernen und fein hacken.

2 Das Öl in einem Wok oder in einer Pfanne mit hohem Rand erhitzen und das Fleisch darin rundherum scharf anbraten. Die Zwiebeln und die Möhren zugeben und alles 15 Minuten braten, dabei häufig wenden.

3 Die Chilischoten und 1 Teelöffel Salz zugeben und ½ Glas heißes Wasser angießen. Wenn das Wasser kocht, den Reis gleichmäßig über das Fleisch verteilen und noch so viel warmes Wasser angießen, bis es 1 cm hoch über dem Reis steht.

4 Den Knoblauch nicht schälen, sondern die Knollen nur waschen, die Wurzeln abschneiden und die ganzen Knollen in den Reis drücken. Den Wok zudecken und den Pilaw bei kleinster Hitze 30 Minuten garen.

Den Lammpilaw am besten im Wok auftragen. Jeder bekommt 1 Knoblauchknolle und drückt das Mus selbst aus den Zehen.

Asiatische Gerichte

Litschis in Zitronengrasgelee

2 Stängel frisches Zitronengras
600 ml weißer Traubensaft
7 Blatt weiße Gelatine
1 Dose Litschi-Kompott, 230 g Abtropfgewicht
1 Mango

Saft von 1 Limette
einige frische Litschis zum Garnieren
¼ l Öl
Salz
500 g Naturreis (ungeschält)
4 kleine Knoblauchknollen

Pro Portion ca. 220 kcal / 930 kJ

1 Das Zitronengras putzen und waschen. Ein Stängel ist zum Garnieren, den zweiten Stängel der Länge nach vierteln. Zitronengras und Traubensaft langsam zum Kochen bringen, 10 Minuten köcheln lassen, vom Herd nehmen und zugedeckt ziehen lassen.

2 Inzwischen die Gelatine in kaltem Wasser einweichen, ausdrücken und im heißen Traubensaft auflösen. Die Kompottfrüchte abtropfen lassen.

3 Wenn die Gelierflüssigkeit kalt ist, das Zitronengras entfernen, 4 Portionsförmchen mit etwas Flüssigkeit ausgießen und die Förmchen in den Kühlschrank stellen, um einen festen Geleespiegel zu bekommen.

4 Dann die gut abgetropften Kompottfrüchte in die Förmchen verteilen und mit der Geleeflüssigkeit bis zum Rand auffüllen. Dabei darauf achten, dass die entsteinten Früchte auch innen gefüllt werden. Die Förmchen in den Kühlschrank stellen und das Gelee mindestens 3 Stunden fest werden lassen.

Australische Gerichte

Tomatenchutney

1 ½ kg reife Tomaten
4 Knoblauchzehen
500 g Zwiebeln
500 g säuerliche Äpfel
1 Stück frische Ingwerwurzel, 3 cm
250 g Sultaninen
350 g Zucker
150 ml Wein- oder Obstessig
1 TL Zimtpulver
1 gestrichener TL Pimentpulver (Nelkenpfeffer)
1 ½ EL Salz
1 EL Senfpulver
etwas Gin

Pro Portion ca. 542 kcal / 2272 kJ

1. Die Tomaten kurz brühen, die Haut abziehen und die Tomaten grob hacken. Die Knoblauchzehen abziehen und fein hacken. Die Zwiebeln abziehen, die Äpfel schälen und entkernen. Beides grob würfeln. Die Ingwerwurzel schälen und fein hacken. Die Sultaninen heiß brühen, spülen und gut abtropfen lassen.

2. Alle Zutaten in einen großen Topf geben und mit dem Zucker, Essig und allen Gewürzen, einschließlich Senfpulver, mischen.

3. Das Chutney unter Rühren aufkochen, bei geringer Hitze etwa 1 Stunde köcheln lassen und währenddessen ab und zu umrühren, damit nichts anlegt.

4. Butterbrotpapier im Glasdurchmesser ausschneiden. Das Chutney in die Gläser füllen. Das Papier in Gin tränken und auf das Chutney drücken. Die Gläser fest verschließen und kühl aufbewahren – am besten im Kühlschrank. Nach etwa 2 Wochen hat das Chutney seinen vollen Geschmack entwickelt.

Australische Gerichte

Kaninchen im Kürbis

1 frisches Kaninchen mit Innereien
2 große Kartoffeln
2 Möhren
1 große Zwiebel
10 Schalotten
4 EL Mehl
Salz, frisch gemahlener Pfeffer
4 EL Butterschmalz oder 6 EL Öl
1/8 l trockener Weißwein
6 Zweige frischer Thymian
1 flacher runder Kürbis,
gut 30 cm Durchmesser
Öl3 TL rote Currypaste
1 gestrichener TL gemahlener
Kurkuma

Pro Portion ca. 640 kcal / 2700 kJ

1. Die Innereien des Kaninchens aufheben, sie werden zuletzt gebraten. Das Kaninchen gründlich waschen und zerlegen: die Keulen halbieren, die Vorderläufe abtrennen und den Rücken in 4 bis 6 Stücke schneiden.

2. Die Kartoffeln schälen und grob würfeln. Die Möhren schälen und fein würfeln. Zwiebel und Schalotten abziehen. Die Zwiebel fein hacken, die Schalotten bleiben ganz. Das Mehl mit Pfeffer und Salz mischen und die Fleischstücke darin wenden.

3. Das Fett in einem weiten Schmortopf erhitzen und das Kaninchen rundherum anbraten. Kartoffeln, Möhren, Zwiebeln und Schalotten zugeben und mit dem Weißwein ablöschen. Die Thymianzweige abrebeln und die Blättchen in das Ragout geben. Das Kaninchen zugedeckt etwa 30 Minuten schmoren, bis es gar ist. Falls nötig, weiteren Weißwein angießen.

Australische Gerichte

Mate's Roo Pie

Die Marinade sollte mindestens 6, besser aber 24 Stunden in das Fleisch einziehen können.

1,2 kg Hähnchenkeulen
Saft von 1 großen Zitrone
1 kleine Zwiebel, Salz
2 Knoblauchzehen
1 haselnussgroßes Stück frischer Ingwer
1 frische Chilischote
2 TL Garam Masala
2 EL Tandoori-Paste
2 EL Tandoori-Masala
3 Becher (450 g) Vollmilchjoghurt
Limettenschnitze zum Garnieren

Pro Portion ca. 660 kcal / 2740 kJ

1 Die Milch mit 150 ml Wasser, Butter und Salz aufkochen. Zu dem Mehl in eine Schüssel gießen, glatt verkneten und zugedeckt beiseite stellen. Das Fleisch in 1 cm große Würfel schneiden, die Nieren häuten und grob hacken. Die Zwiebel abziehen und ebenso wie den Schweinebauch fein würfeln.

2 Das Öl in einer Pfanne erhitzen und Fleisch und Nieren darin portionsweise anbraten, zuletzt Zwiebeln und Speck mitbraten. Mit Salz, Pfeffer und Worcestershiresauce würzen und die Brühe einrühren. Das Ragout zugedeckt 1 Stunde köcheln lassen. Das Mehl mit Bier glattrühren, das Ragout damit binden, noch einmal aufkochen und dann völlig auskühlen lassen.

3 Die Pieformen mit Butter ausstreichen. 2/3 des Teigs sind für die Pieböden, 1/3 für die Deckel. Den Teig für die Böden auf gemehlter Arbeitsfläche 4 mm dick ausrollen und daraus 4 Kreise schneiden, die im Durchmesser 4 cm größer sind als der Boden der Formen. Die Teigplatten in die Formen legen. Den übrigen Teig ausrollen und 4 Deckel im Durchmesser der Pieform ausschneiden.

4 Den Backofen auf 160 °C vorheizen. Die Pies zu ¾ mit der Fleischmasse füllen und den überstehenden Teigrand nach innen schlagen. Diese Ränder mit Eigelb bestreichen, die Deckel aufsetzen und andrücken. Mit einem spitzen Messer die Deckelmitte kreuzweise einschneiden, damit der Dampf abziehen kann. Die Pies mit Eigelb bestreichen und auf der mittleren Schiene 1 Stunde backen. Dann 10 Minuten im abgeschalteten und geöffneten Ofen ruhen lassen.

Mate's Roo Pie wird frisch gebacken und möglichst heiß gegessen – am besten aus der Hand. Sie können die Pies auch mit Tomatenketchup servieren.

Australische Gerichte

Marzipanparfait

Marzipanparfait
¼ l Milch
150 g Zucker
1 Vanilleschote
6 Eigelb
100 g Marzipan-Rohmasse
3 EL Amaretto
250 g Schlagsahne

Kumquatsauce
500 g frische Kumquats
50 g frische Ingwerwurzel
5 Orangen
4 Limetten
200 g Zucker
4 EL Honig
100 ml Grand Marnier

Pro Portion ca. 270 kcal / 1130 kJ

1 Die Milch mit 50 g Zucker und der aufgeschlitzten Vanilleschote kochen. Das Eigelb mit 100 g Zucker cremig rühren, bis sich der Zucker aufgelöst hat. Die heiße Milch in die Eigelbmasse rühren und die Vanilleschote entfernen. Die Creme zurück in den Milchtopf füllen und erhitzen und rühren, bis sie eindickt. Dann durch ein Sieb gießen. Die Marzipan-Rohmasse mit Amaretto verarbeiten und in die Creme rühren.

2 Wenn sie ganz abgekühlt ist, die Sahne steif schlagen und unter die Creme ziehen. Die Masse in eine kleine Kastenform füllen und mindestens 3 Stunden tiefkühlen. Die Kumquats waschen, vierteln und auskratzen. Es werden nur die Schalen verwendet. Den Ingwer schälen und sehr fein hacken. Orangen und Limetten auspressen, den Saft mit den Kumquatschalen, Ingwer und Zucker in einem Topf aufkochen. Offen 5 Minuten köcheln lassen, dabei immer wieder abschäumen. Das Kompott abkühlen lassen und in mehreren Portionen im Mixer auf Stufe 1 pürieren.

3 Die Sauce zurück in den Topf geben und dick einkochen lassen (sie wird beim Abkühlen noch etwas dicker). Zuletzt mit Honig und Likör aromatisieren. Die fertige Kumquatsauce heiß in Schraubgläser füllen oder nach dem Abkühlen einfrieren. Sie ist als Sauce ebenso gut wie zum Aromatisieren von Cremes, Füllungen, Eis und anderen Saucen.

Zum Servieren das Marzipanparfait aus der Form stürzen, in Scheiben schneiden und mit Kumquatsauce anrichten. Zum Garnieren passen in Sirup eingelegte Kumquatfrüchte und Sahnetupfer.

Amerikanische Gerichte

Caesar's Salad

1 Kopf Eisbergsalat
2 Brötchen oder eine entsprechende Menge Weißbrot
2 Knoblauchzehen
10 El Olivenöl
12 Sardellenfilets
1 Messerspitze Salz
frisch gemahlener schwarzer Pfeffer
2 El Zitronensaft
1 Ei
100 g frisch geriebener Parmesankäse

Pro Portion ca. 480 kcal / 2010 kJ

1 Die äußeren Salatblätter entfernen und den Strunk beschneiden. Den Salatkopf in daumenbreite Scheiben schneiden und diese in der Mitte halbieren. Die Salatscheiben in eine weite Schale legen.

2 Das Brot entrinden und würfeln. Die Knoblauchzehen abziehen und pressen. 4 Esslöffel Olivenöl in einer Pfanne erhitzen und darin die Brotwürfel mit dem Knoblauch wenden, bis sie rundherum goldbraun geröstet sind. Die Brotwürfel aus der Pfanne heben und auf Küchenpapier legen.

3 Die Sardellenfilets trockentupfen. Vier davon zusammenrollen und für die Garnierung aufheben. Die restlichen 8 Sardellenfilets fein hacken. Salz, Pfeffer und Zitronensaft rühren, bis sich das Salz aufgelöst hat. 6 Esslöffel Olivenöl und dann das Ei unterschlagen. Die Marinade über den Eisbergsalat verteilen.

4 Die Sardellen und die Brotwürfel über den Salat streuen und einen Teil des frisch geriebenen Parmesan darüber verteilen.

Salat Caesar servieren, erst bei Tisch mischen und dabei den restlichen Parmesan unterheben.

Amerikanische Gerichte

Guacamole

2 reife Strauchtomaten
1 Zwiebel
1 Knoblauchzehe
2 frische kleine Chilischoten
10 Stängel Koriandergrün oder glatte Petersilie

2 reife Avocados
2 kleine Limetten
Salz, frisch gemahlener schwarzer Pfeffer
2 Prisen Zucker

Pro Portion ca. 220 kcal / 920 kJ

1 Die Tomaten kreuzweise einritzen, kurz in kochendes Wasser legen und abziehen. Dann waagrecht halbieren, die Kerne entfernen und das Tomatenfleisch grob hacken. Zwiebel und Knoblauch abziehen und fein würfeln. Die Chilischoten entkernen und fein hacken. Die Korianderblättchen waschen, trockentupfen und fein hacken.

2 Die Avocados schälen, halbieren und die Kerne entfernen. Die Limette auspressen. In einer Schüssel die Avocados mit dem Limettensaft übergießen und mit einer Gabel zerdrücken. Die übrigen fein gehackten Zutaten, Salz, Pfeffer und Zucker einrühren und abschmecken.

Wird der Guacamole nicht sofort serviert, deckt man ihn mit Klarsichtfolie luftdicht ab, damit er nicht braun wird.

Amerikanische Gerichte

Black Bean Soup

6 Portionen
500 g getrocknete schwarze Bohnen (ersatzweise rote Kidneybohnen aus der Dose)
2 große Zwiebeln
½ Stangensellerie
1 Lorbeerblatt
1 große Chilischote
1 geräucherte Schweinshaxe
¼ l Hühnerbrühe, Pfeffer
Salz, frisch gemahlener schwarzer
4 hart gekochte Eier
2 EL Rotweinessig
Limettenscheiben
6 Stängel Koriandergrün oder Petersilie

Pro Portion ca. 500 kcal / 2100 kJ

1 Die Bohnen in einem Sieb unter fließendem Wasser waschen, bis das Wasser klar abläuft. Dann in einen großen Suppentopf geben.

2 Zwiebeln und Selleriestangen putzen, abziehen und hacken und mit dem Lorbeerblatt zugeben. Die Chilischote mit dem Fleischklopfer quetschen, so dass sie platzt. Zusammen mit der Schweinshaxe in den Topf legen und mit 2 ½ Liter Wasser auffüllen. Bei starker Hitze zum Kochen bringen, abschäumen, den Topf halb zudecken und die Hitze reduzieren. Die Suppe 2 Stunden köcheln lassen. Dann eine Probe machen, ob die Bohnen schon weich sind. Evtl. 30 bis 40 Minuten länger kochen (bei Dosenbohnen entsprechend kürzer).

3 Schweinshaxe, Lorbeerblatt und Chilischote entfernen und die Suppe durch ein Gemüsedurchschlag pürieren (nicht mit dem Elektrogerät).

Das Püree im Suppentopf mit so viel Hühnerbrühe verrühren, dass die Suppe dickflüssig ist. Mit Salz und Pfeffer abschmecken und schwach köcheln lassen.

4 Die harten Eier grob hacken. Das Fleisch der Schweinshaxe in mundgerechte Stücke schneiden. Vor dem Anrichten die Suppe mit Essig abschmecken, das Fleisch und die gehackten Eier bis auf einen Rest unterziehen.

Jede Portion mit Ei, Limettenscheiben und Korianderblättchen garnieren.

Amerikanische Gerichte

Ceviche von Riesengarnelen

4 Limetten
2 unbehandelte Orangen
Salz, Zucker
1 EL Tomatenketchup
2 kleine rote Zwiebeln
2 scharfe rote Chilischoten

8 Cocktailtomaten
1 Bund glatte Petersilie
evtl. zusätzlich etwas frisches
Koriandergrün
16 rohe Riesengarnelen

Pro Portion ca. 760 kcal / 3200 kJ

1. Die abgeriebene Schale von 2 Limetten und 1 Orange und den Saft von 4 Limetten und 2 Orangen in einer weiten Schüssel mischen. Je 1 Prise Salz und Zucker und das Tomatenketchup einrühren.

2. Die Zwiebeln abziehen, in hauchdünne Ringe hobeln und in den Saft geben. Die Chilischoten putzen, aufschlitzen und die Kernchen entfernen. Fein hacken und zur Marinade geben.

3. Die Tomaten waschen, entstielen und vierteln. Petersilie und Koriandergrün fein hacken, mit den Tomaten zur Marinade geben und gründlich mischen.

4. Salzwasser aufkochen. Die Garnelen waschen und hineingeben, bei schwacher Hitze 4 Minuten ziehen lassen.

5. Abgießen, kalt abspülen und bis auf die Schwanzflosse aus den Schalen lösen. Den Darm vorsichtig entfernen.

6. Die Garnelen in die Marinade legen, sehr dicke Garnelen zuvor eventuell längs halbieren. Das Gericht im Kühlschrank mindestens 1 Stunde ziehen lassen.

Ceviche kann mehrere Stunden im Voraus zubereitet werden.

Amerikanische Gerichte

Asado mit Chimichurri

Chimichurri-Sauce
1 Woche im Voraus zubereiten.

8 getrocknete Chilischoten
8 Knoblauchzehen
2 große Zwiebeln
4 Bund glatte Petersilie

1 EL Meersalz
4 EL Essig
4 EL Öl

Pro Portion ca. 810 kcal / 3400 kJ

1 Ein klassischer Asado bedeutet in Argentinien, viel Fleisch an großen Spießen über offenem Feuer braten. Heute wird meistens auf dem Rost gegrillt. Ein Asado ist nichts für traute Zweisamkeit, sondern muss ein Grillfest für möglichst viele Freunde werden. Wichtig sind große Mengen Fleisch, viel mehr, als man hier zu Lande berechnen würde. Am beliebtesten sind Rindfleisch, Lamm und Innereien. Steaks bedeuten hohe Fleischscheiben am Knochen: Sirloin, Porterhouse, T-bone, Club oder Ribsteaks. Für Spareribs werden ganze Seiten gegrillt oder der Länge nach halbierte Lämmer. Innereien, hauptsächlich Leber, Nieren und Kuddeln von Kalb oder Lamm wickelt man in Schweinenetz, um sie saftig zu halten. Natürlich kommen auch Würste und Hühner auf den Grill, sie sind aber im Land des Rindfleischs nicht so wichtig.

2 Die gewürzten Grilladen werden mit Salzwasser besprengt und häufig gewendet. Spareribs und Hühner können auch mit Barbecuesauce bestrichen sein. Zum gebratenen Fleisch wird Chimichurri-Sauce gereicht. Außerdem gibt es gegrillte Maiskolben und Maisfladen und reichlich Rotwein.

Chimichurri-Sauce
Die Chilischoten im Mörser zerstoßen. Knoblauch und Zwiebeln abziehen und fein hacken. Die Petersilie waschen, trockentupfen und ebenfalls fein hacken. Alles mit Salz in eine Schüssel geben. Den Essig mit 6 Esslöffeln Wasser aufkochen und sofort über die gehackten Zutaten gießen. Unter Rühren das Öl einlaufen lassen. Die Sauce in Schraubgläsern oder Flaschen fest verschlossen eine Woche lang ziehen lassen. Einmal geöffnet, bleibt die Sauce im Kühlschrank mehrere Wochen haltbar.

GRÄFRATHS VIELFÄLTIGER GAUMENSCHMAUS

Im **Hotel Gräfrather Hof** – in einer der schönsten Regionen im Bergischen Land gelegen – finden Sie die Freiheit und den Rahmen, schöne Dinge zu erfahren. Wir machen Sie bekannt mit einer Welt sinnlichen Erlebens, privatem Charme, exzellentem Service und einer ausgezeichneten Küche. Genießen Sie einen komfortablen Aufenthalt rund um den 700-jährigen Gräfrather Marktplatz und lassen Sie sich kulinarisch verwöhnen.
Jeder Gast ist bei uns ein besonderer Gast und verdient den besten Service!

FLORIAN
Das Restaurant FLORIAN ist ein Ort für alle, die Wert auf eine außergewöhnliche, **internationale Küche,** exklusive Getränke und eine besondere Atmosphäre legen. Genießen Sie ab dem ersten Moment vollkommene Gastlichkeit und lassen Sie sich von unseren Köchen in die Welt der Haut Cuisine entführen.

Osteria da Felice
Mit Herz und Leidenschaft bereiten Felice und sein Team pfiffige und variantenreiche **italienische Köstlichkeiten.** Direkt vis á vis unseres Hotels.

Brauhaus Gräfrather Klosterbräu
Zwei Gehminuten vom Gräfrather Hof entfernt empfängt Sie stilvoll, uriges Ambiente. Hier lädt **klassische, deutsche Küche** – abgerundet durch erlesene Weine sowie hausgebrautes und prämiertes Bier zum gemütlichen Verweilen ein.

Hotel Gräfrather Hof
In der Freiheit 48, 42653 Solingen-Gräfrath
Tel.: 02 12 258 00 - 0, Fax: 02 12 258 00 - 800
info@hotel-graefratherhof.de

www.hotel-graefratherhof.de

GRÄFRATHER HOF
HOTEL • RESTAURANT

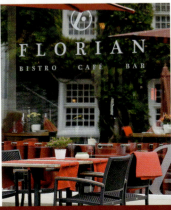

lecker und einfach

BELLAVISTA

Eine große Auswahl weiterer köstlicher Gerichte zum Nachkochen!

Mit vielen Bildern